LOVE

Für

....

Michael Paetow

Wie haben wir das nur überlebt?

... wir »Kinder« aus den 50ern, 60ern und 70ern

Weltbild

BIST DU AUCH IN DEN 50ERN, 60ERN ODER 70ERN AUFGEWACHSEN?

WIE HABEN WIR
DAS
NUR ÜBERLEBT?

DIE AUTOS HATTEN KEINE SICHERHEITSGURTE, KEINE KOPFSTÜTZEN – UND SCHON GAR KEINE AIRBAGS.

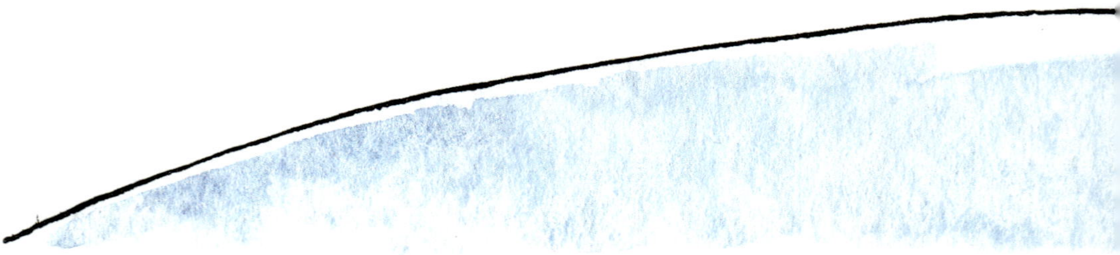

AUF DEM RÜCKSITZ
WAR ES FÜR UNS KINDER
LUSTIG
UND NICHT GEFÄHRLICH.

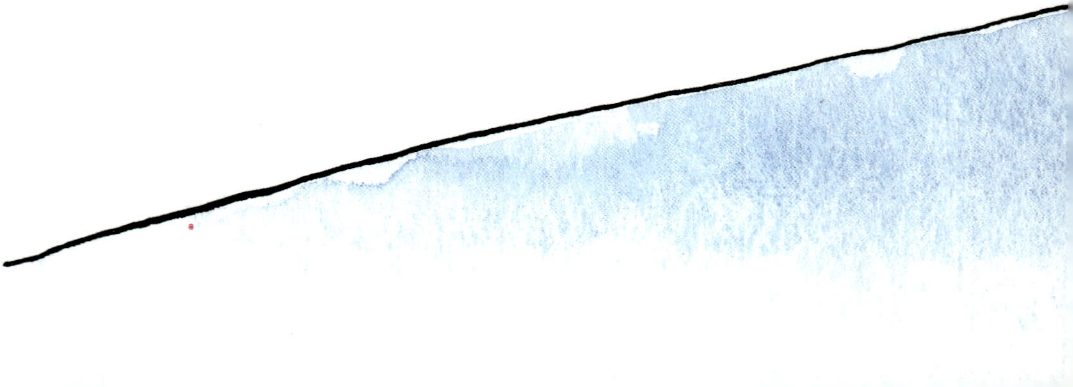

A-VW 60

AN DEN AUTOTÜREN GAB ES KEINE KINDERSICHERUNG – GENAUSO WENIG WIE AN STECKDOSEN, MEDIKAMENTEN UND PUTZMITTELFLASCHEN.

DANK
HOCHGIFTIGER LACKFARBEN
WAREN GITTERBETTEN
UND SPIELZEUGE
WUNDERSCHÖN BUNT.

MAN KONNTE
OHNE HELM
FAHRRAD FAHREN.

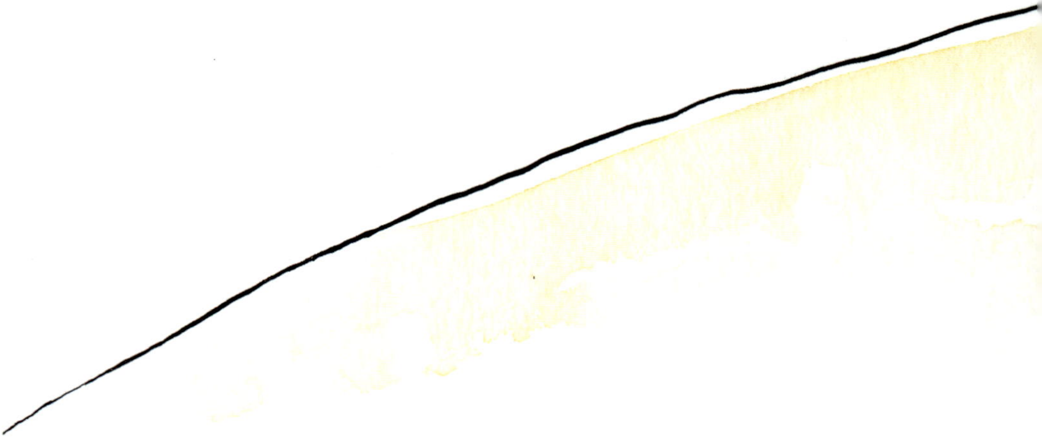

ZUM MITTAGESSEN KAMEN WIR NACH HAUSE. DAS WORT „GANZTAGSSCHULE" HÄTTE DAMALS NIEMAND VERSTANDEN

UNSERE ELTERN LIESSEN UNS BIS EINBRUCH DER DUNKELHEIT DRAUSSEN SPIELEN.

ES GAB
KEINE HANDYS.
(UNVORSTELLBAR, ODER?)

easy Rider

WIR MUSSTEN LEDIGLICH VERSPRECHEN ABENDS WIEDER ZURÜCK ZU SEIN. UNSERE ELTERN SCHENKTEN UNS EINFACH VERTRAUEN!

WIE ALLE KINDER
HOLTEN WIR UNS
SCHÜRFWUNDEN
ODER BRACHEN UNS
AB UND ZU
EINEN ZAHN AUS.

ABER NIEMALS
WURDE JEMAND DESWEGEN
VERKLAGT!
SO LERNTEN WIR,
AUF UNS SELBST
AUFZUPASSEN.

WIR ASSEN SÜSSIGKEITEN, WURSTBROTE MIT BUTTER UND FRITTEN.

GEWICHTSPROBLEME HATTEN WIR KEINE – WEIL WIR IMMER DRAUSSEN SPIELTEN UND TOBTEN.

WIR TEILTEN UNS
ZU VIERT ODER FÜNFT
EINE FLASCHE LIMO.
JA, WIR TRANKEN AUS
DERSELBEN FLASCHE,
OHNE DASS JEMAND
DARAN GESTORBEN WÄRE.

WIR HATTEN
KEINE PLAYSTATIONS,
KEINE COMPUTER,
KEINE iPODS,
KEINE DVD-PLAYER,
KEIN KABELFERNSEHEN,
KEINE INTERNET-CHATS...

SONDERN

FREUNDE!

WIR DURFTEN ZU FUSS ODER MIT DEM FAHRRAD SOGAR FREUNDE BESUCHEN, DIE MEHRERE KILOMETER ENTFERNT WOHNTEN.

WIR KLINGELTEN EINFACH,
ODER WIR HOLTEN SIE
EINFACH ZUM SPIELEN AB,
OHNE ZU KLINGELN.
DIE TÜREN WAREN OFFEN.

UND DAS ALLES DA DRAUSSEN,
IN DER GEFÄHRLICHEN
WEITEN WELT.
GANZ OHNE AUFPASSER!
WIE HABEN WIR DAS
NUR ÜBERLEBT?

DIE JUNGS SPIELTEN FUSSBALL. MANCHMAL WURDE EINER NICHT IN DIE MANNSCHAFT GEWÄHLT. ER MUSSTE DANN ABER NICHT GLEICH ZUM KINDERPSYCHOLOGEN.

BRAVO

WER NICHT
AUFS GYMNASIUM GING,
WAR DEN ELTERN
DESHALB NICHT WENIGER WERT.
UND WENN ES IN DER SCHULE
MAL NICHT SO GUT LIEF,
WURDE EBEN EIN JAHR
WIEDERHOLT.

WIR ERLEBTEN
SIEGE UND NIEDERLAGEN,
FREUDE UND SCHMERZEN,
WIR HATTEN UNSERE FREIHEIT
UND UNSERE
AUFGABEN...

PUL

… UND LERNTEN, DAMIT UMZUGEHEN!

DOCH WENN MAN
VON HEUTE AUS ZURÜCKBLICKT,
FRAGT MAN SICH:
WIE HABEN WIR DAS
NUR ÜBERLEBT?

UND VOR ALLEM:
WIE HABEN WIR
ES GESCHAFFT, DABEI
UNSERE PERSÖNLICHKEIT
ZU ENTFALTEN?

ICH BIN EIN 68ER, ICH BIN EIN 68ER, ICH BIN...

WENN DU
AUCH AUS DIESER ZEIT
STAMMST...

... AUS DEN 50ERN ...

I-SETTA

... AUS DEN 60ERN ...

JIMI HENDRIX
LOVE

... ODER DEN 70ERN ...

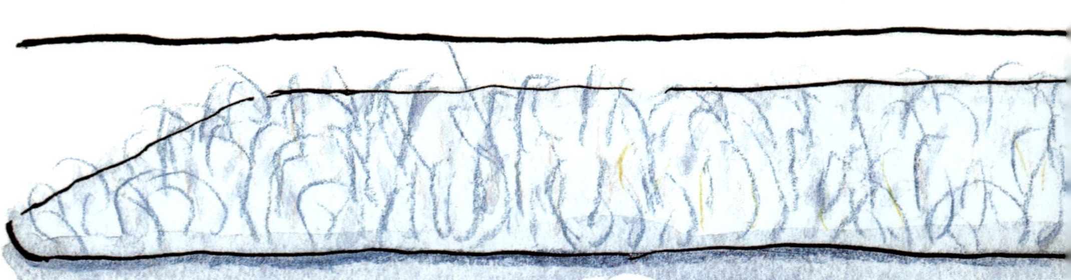

... DANN WERDEN DEINE KINDER
ENKEL, NICHTEN, NEFFEN
ODER PATENKINDER
SICHER ANGST HABEN,
WENN DU VON DEINEM
LEBENSGEFÄHRLICHEN
LEBEN ERZÄHLST.

ABER SEIEN WIR UNS
DOCH EINMAL EHRLICH:

WAS HATTEN WIR FÜR EIN GLÜCK!

ODER?

Über dieses Buch

Der Illustrator

Michael Paetow, Jahrgang 1960, studierte Kommunikations-Design an der Fachhochschule Augsburg. Anschließend arbeitete er freiberuflich in verschiedenen Werbeagenturen sowie an der Fachhochschule Augsburg als Dozent für Zeichnen und Illustration. Nach über 10-jähriger Tätigkeit in der eigenen Agentur liegt sein Schwerpunkt inzwischen im illustrativen Bereich. Er zeichnet für namhafte Verlage und Unternehmen im In- und Ausland.

Bildnachweis

Alle Illustrationen: Michael Paetow, Augsburg

Impressum

Projektleitung: Gerald Fiebig
Umschlaggestaltung: X-Design, München
Umschlagillustration: Michael Paetow
Innenlayout/DTP: Sabine Müller
Druck und Bindung: Offizin Andersen Nexö Leipzig GmbH, Zwenkau
Printed in the EU

ISBN 978-3-8289-5514-1

Einkaufen im Internet:
www.weltbild.de